AF201183

Impressum
Verlag: BABADADA GmbH, Nedderfeld 112 , 22529 Hamburg
Geschäftsführer / Verlagsleitung: Harald Hof
Druck: Books on Demand GmbH, In de Tarpen 42, 22848 Norderstedt

Imprint
Publisher: BABADADA GmbH, Nedderfeld 112 , 22529 Hamburg, Germany
Managing Director / Publishing direction: Harald Hof
Print: Books on Demand GmbH, In de Tarpen 42, 22848 Norderstedt

classroom
phapoši

divide
go arola

186/2

board
boto

school yard
jarata ya sekolo

teacher
morutiši

paper
letlakala

write
ngwala

pen
pene

desk
tafola

ruler
rula

book
buka

pupil
barutwana

satchel

peke

pencil case

kheise ya phensele

pencil

phensele

pencil sharpener

motšhene wa go betla
phensele

rubber

rabhara

drawing pad

phede ya ho thala

drawing

go thala

paintbrush

borashe ya go penta

paint box

lepokisi la go penta

scissors

sekero

glue

sekgomaretši

exercise book

puku ya go ngwala

homework

mošomo wa gae

number

nomoro

add

tlatša

subtract

go ntšha

multiply

go atiša

calculate

khalekhuleitha

letter

lengwalo

alphabet

alefapete

word

lentšu

text
......
mongolo

read
......
bala

chalk
......
tšhoko

lesson
......
thuto

register
......
puku ya maina

examination
......
thuto

certificate
......
setifikeite

school uniform
......
diaparo tša sekolo

education
......
thuto

encyclopedia
......
encyclopedia

university
......
yunibesithi

microscope
......
maekrosekoupo

map
......
mmapa

waste-paper basket
......
pasekete ya matlakala a
ditšhila

hotel
hotele

hostel
hosetele

currency exchange office
lefelo la go fetola tšhelete

suitcase
sutukheise

car
koloi

language

Leleme

yes / no

ee / aowa

Okay

Go lokile

hello

Dumela

translator

mofetoledi

Thank you

Re a leboga

how much is...?

... ke bokae?

I don't get it

ga ke kwešiše

problem

bothata

Good evening!

Thobela!

Good morning!

Meso e mebotse!

Good night!

Robala botse!

goodbye

šala gabotse

direction

keletšo ya tsela

luggage

peke

bag

peke

backpack

mokotla wa dipuku

guest

moeng

room

phapoši

sleeping bag

pekana ya go robala

tent

mokhukhu

tourist information

boitsebišo bja moeti

beach

lewatleng

credit card

karata ya mokitlana

breakfast

dijo tša mesong

lunch

matena

dinner

dijo tša mantšiboa

Ticket

thikethe

elevator

lifithi

stamp

setempe

border

border

customs

setlwaedi

embassy

embassy

visa

visa

passport

phasepoto

airplane
sefofane

ship
sekepe

fire truck
enjine ya mollo

bus
bese

truck
theraka

motorboat
motorboat

bike
paesekela

car
koloi

ferry

feri

boat

sekepe

motorbike

sethuthuthu

police car

koloi ya maphodisa

racing car

koloi ya go šiašiana

rental car

koloi ya go rentišwa

car sharing

go arogana koloi

tow truck

theraka ya go goga

garbage truck

theraka ya ditlakala

engine

mmotho

fuel

makhura

fuel station

seteišene sa makhura

traffic sign

leswao la therafiki

traffic

therafiki

traffic jam

therafiki

parking lot

lefelo la go phaka dikoloi

train station

seteišene sa terene

tracks

tsela

train

terene

tram

theramo

wagon

koloi

helicopter

sefofane

airport

boemafofane

tower

serokami

passenger

monamedi

container

seswari

carton

lepokisana

cart

khathe

basket

basket

take off / land

go tloga / go kwatama

city

toropo

village

motse

city center

bogareng bja toropo

house

ntlo

movie theater
paesekopong

advert
papatšo

street light
lebone la seterateng

CINEMA

street
seterata

taxi
thekisi

snack shop
lebenkele la dimonamonane

pedestrian
motho yo a sepelag

sidewalk
pavement

zebra crossing
makopano a ditsela

dumpster
paketana ya ditlakala

crossing
magahlanong a tsela

traffic lights
mabone a go laola therafiki

hut

mokutwana

apartment

folete

train station

seteišene sa terene

city hall

holo ya toropong

museum

museamo

school

sekolo

university
yunibesithi

bank
panka

hospital
sepetlele

hotel
hotele

pharmacy
lebenkele la dihlare

office
ofisi

book shop
lebenkele la dipuku

shop
lebenkele la dijo

flower shop
lebenkele la matšoba

supermarket
lebenkele la dihlare

market
mmakete

department store
lebenkele la dilo tše dintši

fishmonger's shop
fishmonger's

mall
lefelo la mabenkele

harbor
boemakepe

city - toropo

park

phaka

bench

bench

bridge

leporogo

stairs

ditepisi

subway

ka tlase

tunnel

thanele

bus stop

boemela pese

bar

bar

restaurant

lebenkele la dijo

postbox

lepokisi la poso

street sign

leswao la seterata

parking meter

mithara wa go phaka koloi

zoo

zuu

swimming pool

letamo la go rutha

mosque

lefelo la mamoseleme

farm
polasa

pollution
tšhilafalo

cemetery
mabitla

church
kereke

playground
lefelo la go bapala

temple
tempele

landscape
lefelo la dithaba

leaf
letlakala

signpost
leswao la tsela

path
tsela

meadow
lefelo kgauswi le noka

stone
letlapa

hiker
mophara thaba

tree
mohlare

river
noka

grass
bjang

flower
letšoba

valley
tsela

hill
thaba

lake
letangwana la meetsi

forest
sethokgwa

desert
leganata

volcano
thabamollo

castle
ntlo e kgolo

rainbow
molalatladi

mushroom
mushroom

palm tree
palm tree

mosquito
monang

fly
fofa

ant
ditšhošwane

bee
nosi

spider
segokgo

beetle

khunkhwane

frog

segwagwa

squirrel

squirrel

hedgehog

noko

hare

mmutla

owl

leribiši

bird

nonyana

swan

mogolodi

boar

kolobe ya naga

deer

phuthi

moose

phuthi

dam

letamo

wind turbine

wind turbine

solar panel

phanele ya solar

climate

leratadima

waiter
weithara

menu
lenaneo

chair
setulo

soup
sopo

pizza
pizza

cutlery
cutlery

tablecloth
lešela la tafola

starter
dijo tša mathomo

main course
dijo

dessert
dimonamonane

drinks
dino

food
dijo

bottle
lepotlelo la ngwana

fast food

fastfood

street food

dijo tša seterateng

teapot

ketlele ya tea

sugar bowl

poleitana swikiri

portion

karolo

espresso machine

motšhene wa espresso

high chair

setulo sa godimo

bill

tefo

tray

therei

knife

thipa

fork

foroko

spoon

lelepola

teaspoon

lelepola

serviette

lešela la go iphomola

glass

galase

plate

poleite

soup plate

poleite ya sopo

saucer

sosara

sauce

moroto

salt shaker

poto ya letswai

pepper mill

sešila phepha

vinegar

vinegar

oil

makhura

spices

sepaese

ketchup

tamatisoso

mustard

masetete

mayonnaise

mayonnaise

special offer
dithekišo tša tlase

customer
moreki

dairy products
dijo tša go ba le maswi

fruit
dikenywa

shopping cart
teroli

butcher's shop
....
selaga

bakery
....
moapei wa dikuku

weigh
....
kala

vegetables
....
merogo

meat
....
nama

frozen food
....
dijo tše gahlišitšwego

cold cuts
nama ya go tonya

canned food
tinned food

detergent
sešepi sa go hlatswa

candy
dimonamonane

household products
dilo tša ka ntlong

cleaning products
didirišwa tša go hlwekiša

sales representative
morekiši

cash register
till

cashier
morekiši

shopping list
lenaneo la tše rekišwago

opening hours
diiri tša go bula

wallet
sepatše

credit card
karata ya mokitlana

bag
peke

plastic bag
peke ya polasetiki

water

meetsi

juice

Juice

milk

maswi

coke

coke

wine

beine

beer

bhiri

alcohol

bjala

cocoa

cocoa

tea

tea

coffee

kofi

espresso

espresso

cappuccino

cappuccino

banana

banana

apple

apola

orange

namome

melon

melon

lemon

namone

carrot

carrot

garlic

garlic

bamboo

bamboo

onion

keiye

mushroom

mushroom

nuts

ditokomane

noodles

noodles

spaghetti

spaghetti

rice

raese

salad

salate

fries

ditšhipisi

fried potatoes

matapola a gadikilwego

pizza

pizza

hamburger

hambeka

sandwich

sandwich

escalope

cutlet

ham

ham

salami

salami

sausage

sausage

chicken

kgogo

roast

gadika

fish

hlaphi

porridge oats

bogobe bja oats

muesli

muesli

cornflakes

cornflakes

flour

folouro

croissant

croissant

bread roll

dipanse

bread

borotho

toast

toaster

cookies

dipisikiti

butter

botoro

curd

curd

cake

kuku

egg

lee

fried egg

lee le gadikilwego

cheese

tshese

ice cream
ice cream

sugar
swikiri

honey
todi ya dinosi

jelly
jeme

nougat cream
chocolate spread

curry
curry

farm house
ntlo ya polasa

straw bale
bojwang

barn
barn

field
mašemo

horse
pere

trailer
letorokisi

foal
pere

tractor
terekere

donkey
pokolo

sheep
nku

lamb
kwana

goat
....
pudi

cow
....
kgomu

calf
....
namane

pig
....
kolobe

piglet
....
kolobjana

bull
....
poo

goose

leganse

duck

leganse

chick

letswienyane

hen

kgogo

cockerel

mokoko

rat

legotlo

cat

katse

mouse

legotlo

ox

pholo

dog

mpšha

dog house

ntlwana ya mpšha

garden hose

lethompo la seratswana

watering can

khene ya meetse

scythe

peke

plow

megoma ya terekere

sickle

sekele

hoe

mogoma

pitchfork

foroko

axe

selepe

pushcart

kiribai

trough

letangwana la meetsi

milk can

khene ya maswi

sack

lesaka

fence

fense

stable

stable

greenhouse

ntlwana ya galase ya dihlare

soil

mobu

seed

peu

fertilizer

manyora

combine harvester

motšhene wa go buna

harvest

buna

harvest

buna

yams

tse monate

wheat

korong

soya

soy

potato

letapola

corn

korong

rapeseed

rapeseed

fruit tree

mohlare wa dikenywa

manioc

cassava

grain

disereale

chimney
tšhemela

roof
marulelo

downspout
phaephe ya drain

window
lefasetere

garage
karatše

doorbell
nakana ya lebati

door
lebati

trash can
pakete ya matlakala

mailbox
lepokisi la maletere

garden
serapana

living room

phapoši ya go dula

bathroom

kamora ya go hlapela

kitchen

boapeelo

bedroom

phapoši ya go robala

kids room

phapoši ya bana

dining room

lefelo la boiketlo

floor

fase

wall

lebota

ceiling

siling

cellar

cellar

sauna

sauna

balcony

letsikangope

terrace

lelapa

pool

letamo la go rutha

lawn mower

motšhene wa go sega bjang

sheet

lešela la go iphomola

bedspread

lešela la mpeto

bed

mpeto

broom

leswielo

bucket

pakete

switch

pholaka

wallpaper
senepe sa sedirišwa

picture
senepe

lamp
lebone

shelf
shelofe

cabinet
khaboto

fireplace
lefelo la mollo

television
thelebišene

flower
letšoba

cushion
kobo

sofa
sofa

vase
vase

remote control
remote control

carpet

khaphete

drape

garetene

table

tafola

chair

setulo

rocking chair

rocking chair

armchair

armchair

book
buka

blanket
kobo

decoration
bokgabišo

firewood
dikota tša mollo

film
filimi

stereo system
sedirišwa sa hi-fi

key
senotlelo

newspaper
kuranta

painting
go penta

poster
phouseta

radio
radio

notebook
pukwana ya go ngwala

vacuum cleaner
motšhene wa go hlwekiša

cactus
mohlašana wa cactus

candle
kerese

fridge
furitši

microwave oven
microwave oven

kitchen scales
sekala sa khetšhene

toaster
toaster

laundry detergent
detergent

stove
oven

freezer
furitši

trash can
pakete ya matlakala

dishwasher
sehlatswa dikotlelo

cooker	pot	cast-iron pot
moapei	pitša	cast-iron pot
wok / kadai	pan	kettle
wok / kadai	pane	ketlele

steamer

steamer

baking tray

therei ya go paka

crockery

dikotlelo

mug

komiki

bowl

mogopo

chopsticks

diphathana tša go ja

ladle

lelepola la ladle

spatula

spatula

whisk

whisk

strainer

strainer

sieve

sefo

grater

kereitara

mortar

mortar

barbecue

barbecue

fireplace

thuntšha

chopping board

boto ya dijo

rolling pin

rolling pin

corkscrew

sebula lepotlelo

can

khene

can opener

sebula khene

oven cloth

seswara dipoto

sink

sinki

brush

borashe

sponge

sepontše

blender

sehlakanyi

deep freezer

freezer

baby bottle

lepotlelo la ngwana

tap

pompi

heating
borutho

shower
šawara

towel
toulo

shower curtain
garetene ya šawara

bubble bath
bubble bath

bathtub
bata

glass
galase

washing machine
motšhene wa go hlatswa

tap
pompi

tiles
dithaele

potty
poto

sink
sinki

toilet

ntlwana

squat toilet

ntlwana ya ho tshorama

bidet

bidet

urinal

moroto

toilet paper

pampiri ya ntlwana

toilet brush

boraše ya ntlwana

toothbrush

boraše ya ho hlapa meno

toothpaste

sešepi sa meno

dental floss

floss ya meno

wash

hlatswa

hand shower

shawara ya go swarwa ka matsogo

douche

douche

basin

basin

back brush

back brush

soap

sešepi

shower gel

sešepi sa ka šawareng

shampoo

shampoo

flannel

folene

drain

drain

creme

sa go tlola

deodorant

senkgiša bose

mirror

seipone

hand mirror

sepili se senyenyane

razor

legare

shaving foam

shaving foam

aftershave

aftershave

comb

kamo

brush

boraše

hair-dryer

derayara ya moriri

hairspray

setlola sa moriri

makeup

makeup

lipstick

setlola sa molomo

nail varnish

varnish ya manala

cotton wool

wulu

nail scissors

sekero sa dinala

perfume

phefumo

washbag

pekana ya tša go hlapa

stool

setulo

weighing scales

sekala

bathrobe

toulwana ya go hlapa

rubber gloves

ditlelafo tša rabara

tampon

tampon

sanitary towel

toulo ya go phumula
matsogo

chemical toilet

ntlwana ya dikhemikhale

alarm clock
watšhe ya alamo

cuddly toy
mpopi

toy car
koloi ya go bapadiša

rattle
rattle ya bana

doll's house
ntlo ya mepopi

present
present

balloon
baluni

bed
mpeto

stroller
phorema

deck of cards
dikarata

jigsaw
papadi ya jigsaw

comic
metlae

lego bricks

papadi ya lego bricks

toy blocks

papadi ya building blocks

action figure

action figure

romper suit

go gola ga ngwana

frisbee

papadi ya Frisbee

mobile

mobile

board game

papadi ya boto

dice

letaese

model train set

model train set

pacifier

tami

party

phathi

picture book

puku ya dinepe

ball

kgwele

doll

mpopi

play

bapala

sandpit

sandpit

swing

swing

toys

tša go bapadiša

video game console

sedirišwa sa dipapadi tša bidio

tricycle

paesekele ya bana

teddy bear

teddy bear

wardrobe

oteropo

clothing

diaparo

socks

masokisi

stockings

masokisi

tights

pentihouso

scarf
sekhafo

belt
lepanta

umbrella
amporela

t-shirt
sekhipha

sneakers
diteki

boots
diputsu

slippers
deselephara

sandals
....
ramphešane

shoes
....
dieta

rubber boots
....
diputsu tša rabara

underwear
....
borokgwana bja ka fase

bra
....
seaparo sa bra

undershirt
....
besete

body

mmele

pants

marokgo

jeans

pokathe

skirt

sekhethe

blouse

seaparo sa blouse

shirt

hempe

pullover

jase

sweater

jase

blazer

seaparo sa blazer

jacket

baki

coat

jase

raincoat

jase ya pula

costume

khosetumo

dress

roko

wedding dress

lešira

suit

sutu

nightgown

seaparo sa go robala

pajamas

dipejama

sari

sari

headscarf

sekafo

turban

turban

burka

seaparo sa burqa

kaftan

roko ya kaftan

abaya

abaya

swimsuit

seaparo sa go rutha

trunks

diteranka

shorts

marukgwana a manyenyane

tracksuit

terekesutu

apron

apron

gloves

ditlelafo

button
konope

glasses
digalase

bracelet
boreiselete

necklace
nekeleise

ring
palamonwana

earring
lengena

cap
kepisi

coat hanger
hengere ya jase

hat
kefa

tie
thai

zip
zip

helmet
helmete

braces
braces

school uniform
diaparo tša sekolo

uniform
unifomo

bib

seaparo sa bib

pacifier

tami

diaper

mongato

server
sebara

filing cabinet
lekase la difaele

printer
phrinthara

monitor
monitharaw

paper
letlakala

mouse
mouse

desk
tafola

folder
foldara

keyboard
keybhoto

e-paper basket
kete ya matlakala a ditšhila

chair
setulo

computer
khomphutha

coffee mug

komiki ya kofi

calculator

khalekhuleitha

internet

inthanete

laptop

laptop

letter

lengwalo

message

molaetša

cell phone

mogalathekeng

network

netweke

photocopier

motšhene wa go
photokhopa

software

software

telephone

mogala

plug socket

pholaka ya sokete

fax machine

motšhine wa go fekesa

form

fomo

document

dipampiri

buy

reka

pay

lefa

trade

rekiša

money

tšhelete

dollar

dollar

euro

euro

yen

yen

rouble

rouble

Swiss franc

Swiss franc

renminbi yuan

renminbi yuan

rupee

rupee

cash point

lefelo la go ntšha tšhelete

currency exchange office

lefelo la go fetola tšhelete

gold

gauta

silver

silifera

oil

oil

energy

matla

price

poraese

contract

konteraka

tax

motšhelo

stock

setokho

work

mošomo

employee

mošomi

employer

mothwadi

factory

feketori

shop

lebenkele la dijo

economy - ekonomi

police officer
lephodisa

fireman
setimamollo

cook
apea

doctor
ngaka

pilot
mofofiši wa difofane

gardener

mohlokomedi wa dirapana

carpenter

mmetli

seamstress

moroki

judge

moahlodi

chemist

khemise

actor

mmapadi

bus driver

mootledi wa pase

taxi driver

mootledi wa thekisi

fisherman

moswara dihlapi

cleaning lady

mosadi wa go hlwekiša

roofer

molokiša marulelo

waiter

weithara

hunter

motsomi

painter

motho wa go penta

baker

mopaki

electrician

electrician

builder

moagi

engineer

moenjeneare

butcher

selaga

plumber

polambara

postman

mosepediši wa poso

soldier

mohlabani

architect

mothadi wa dintlo

cashier

morekiši

florist

molemi wa matšoba

hairdresser

mologi wa moriri

conductor

molaodi

mechanic

mekhenikhe

captain

mokapotene

dentist

ngaka ya meno

scientist

rathutamahlale

rabbi

moruti

imam

moetapele wa dithapelo

monk

monk

pastor

moruti

didirišwa

hammer
hamola

pliers
tang

screwdriver
screwdriver

wrench
sepanere

torch
lebone

excavator

seepi

toolbox

lepokisi la dithulusi

ladder

llere

saw

saga

nails

dipikiri

drill

sebori

repair

lokiša

shovel

garafo

Damn!

ijoo!

dustpan

seolela matlakala

paint can

pitša ya pente

screws

sekurufu

musical instruments
didirišwa tša mmino

loud speaker
segaša modumo

drum set
diteramo

guitar
katara

double bass
beise ya gabedi

trumpet
porompeta

piano

piano

violin

violin

bass

beise

timpani

timpani

drums

diteramo

keyboard

keybhoto

saxophone

saxophone

flute

phala

microphone

mmaekrofouno

entrance
tsela ya go tsena

tiger
lengau

cage
legaga

zebra
pitse

animal feed
dijo tša diphoofolo

panda
bere

animals
....
diphoofolo

elephant
....
tlou

kangaroo
kangaroo

rhino
....
tšhukudu

gorilla
gorilla

bear
....
bere

camel

kamela

ostrich

mpšhe

lion

tau

monkey

tšhwene

flamingo

nonyana ya flamingo

parrot

nonyana ya parrot

polar bear

bere ya polar

penguin

penguin

shark

shark

peacock

phikoko

snake

noga

crocodile

kwena

zookeeper

mohlokomedi wa di zoo

seal

sili

jaguar

jaquar

pony

pokolo

leopard

lepogo

hippo

hippo

giraffe

thutlwa

eagle

lenong

boar

kolobe ya naga

fish

hlaphi

turtle

khudu

walrus

walrus

fox

phiri

gazelle

phuthi

American football
kgwele ya Amerika

cycling
go reila paesekela

tennis
thenese

basketball
basketball

swimming
go rutha

boxing
ntwa ya matswele

ice hockey
hockey ya lehlweng

soccer

kgwele ya maoto

badminton

badminton

athletics

bakitimi

handball

polo ya matsogo

skiing

skiing

polo

polo

laugh
sega

jump
taboga

hug
gokara

walk
sepela

sing
opela

dream
lora

pray
rapela

kiss
atla

write
ngwala

draw
thala

show
bontšha

push
kgorometša

give
efa

take
tšea

have

e ba le

do

dira

be

eba

stand

ema

run

kitima

pull

goga

throw

lahlela

fall

e wa

lie

maaka

wait

emanyana

carry

rwala

sit

dula

get dressed

go apara

sleep

robala

wake up

tsoga

look at

lebelela

cry

lla

stroke

seterouko

comb

kamo

talk

bolela

understand

kwešiša

ask

botšiša

listen

theetša

drink

e nwa

eat

eja

tidy up

hlwekiša

love

lerato

cook

apea

drive

otlela

fly

fofa

activities - mediro

65

sail

sesa

calculate

khalekhuleitha

read

bala

learn

ithute

work

mošomo

marry

nyala

sew

roka

brush teeth

hlapa meno

kill

bolaya

smoke

kgoga

send

romela

grandmother
makgolo

grandfather
rakgolo

father
tate

mother
mma

baby
ngwana

daughter
morwedi

son
morwa

guest

moeng

aunt

rakgadi

uncle

malome

brother

abuti

sister

sesi

body

mmele

forehead
phatla

eye
leihlo

shoulder
magetla

finger
monwana

face
sefahlego

chin
seledu

hand
seatla

breast
letswele

leg
leoto

arm
letsogo

baby

ngwana

man

monna

woman

mosadi

girl

kgarebe

boy

mošemane

head

hlogo

back
....
morago

belly
....
mokhaba

navel
....
mokhubu

toe
....
monwana

heel
....
tlhako

bone
....
lerapo

hip
....
matheka

knee
....
leoto

elbow
....
khuru

nose
....
nko

buttocks
....
tlase

skin
....
letlalo

cheek
....
lerama

ear
....
tsebe

lip
....
molomo

mouth

molomo

tooth

leino

tongue

Leleme

brain

bjoko

heart

pelo

muscle

segoba

lung

maswafo

liver

sebete

stomach

mala

kidneys

diphsio

sex

thobalano

condom

condom

ovum

Ovum

semen

matshedi

pregnancy

go ima

menstruation

go bona kgwedi

vagina

setho sa bosadi

penis

setho sa bonna

eyebrow

dintši

hair

moriri

neck

molala

hospital
sepetlele

ambulance
ambulance

wheelchair
wheelchair

fracture
go robega

doctor

ngaka

emergency room

phapoši ya tša tšhoganetšo

nurse

mooki

emergency

tšhoganetšo

unconscious

go idibala

pain

bohloko

injury

go gobala

bleeding

go tšwa madi

heart attack

bolwetši bja pelo

stroke

setorouko

allergy

ge mmele o ganana le dijo

cough

go gohlola

fever

go gohlola

flu

sehuba

diarrhea

letšhollo

headache

go opa ke hlogo

cancer

kankere

diabetes

swikiri

surgeon

mmui

scalpel

thipa ya scalpel

operation

go bulwa

CT

CT

x-ray

x-ray

ultrasound

ultrasound

face mask

sethiba sefahlego

disease

bolwetši

waiting room

phapoši ya go leta

crutch

lehlotlo

plaster

sedirišwa sa plaster

bandage

lešela la ntho

injection

nalete

stethoscope

sthehosekoupo

stretcher

seteretšhara

clinical thermometer

themoketha ya kgathelelo

birth

go belebga

overweight

mmele o mogolo

hospital - sepetlele

hearing aid

sethuša ditsebe

disinfectant

disinfectant

infection

twatši

virus

baerase

HIV / AIDS

HIV / AIDS

medicine

dihlare

vaccination

tlhabelo ya go thibela malwetši

tablets

dipilisi

pill

pilisi

emergency call

mogala wa tšhoganetšo

blood pressure monitor

sehlahlobi sa pelo

ill / healthy

go babja / phetše gabotse

Help!
Thušo!

alarm
alamo

assault
go tšhošetšwa

attack
tlhaselo

danger
kotsi

emergency exit
go tšwa ka tšhoganetšo

Fire!
Mollo!

fire extinguisher
setimamollo

accident
kotsi

first-aid kit
first-aid kit

SOS
SOS

police
maphodisa

Europe

Yuropa

North America

Amerika Bodikela

South America

Amerika Borwa

Africa

Afrika

Asia

Asia

Australia

Australia

Atlantic

Atlantic

Pacific

Pacific

Indian Ocean

Lewatle la India

Antarctic Ocean

Lewatle la Antarctic

Arctic Ocean

Lewatle la Arctic

North pole

North Pole

South pole
South Pole

Antarctica
Antarctica

earth
Lefase

land
naga

sea
noka

island
island

nation
naga

state
state

clock face

sešupanako sa dinomoro

hour hand

diiri tša sešupanako

minute hand

metsotso ya sešupanako

second hand

metsotswana ya
sešupanako

What time is it?

Ke nako mang?

day

letšatši

time

nako

now

gona bjale

digital watch

sešupanako sa dinomoro

minute

metsotso

hour

iri

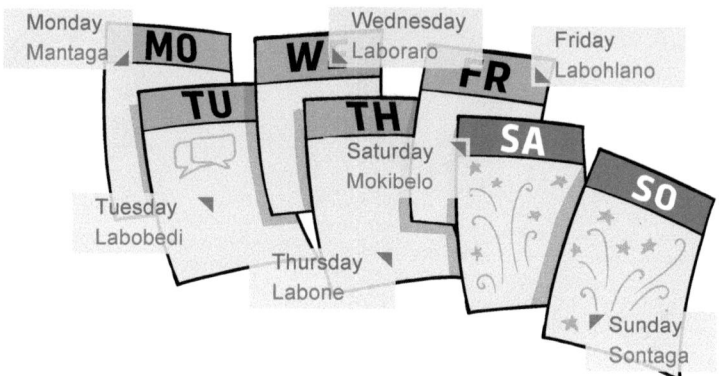

Monday Mantaga
Wednesday Laboraro
Friday Labohlano
Tuesday Labobedi
Saturday Mokibelo
Thursday Labone
Sunday Sontaga

yesterday

maobane

today

lehono

tomorrow

ka moswana

morning

mesong

noon

Thapama

evening

mantšiboa

workdays

matšatši a kgwebo

weekend

mafelobeke

rain
pula

rainbow
molalatladi

wind
phefo

snow
lehlwa

spring
seruthwane

fall
lehlabula

summer
selemo

winter
marega

4.APRIL	11°	☀
5.APRIL	4°	☁
6.APRIL	13°	☂
7.APRIL	8°	❄
8.APRIL	10°	☀

weather forecast

tsebišo ya leratadima

thermometer

thermometer

sunshine

mahlasedi a letšatši

cloud

maru

fog

kgudi

humidity

go koloba

lightning

legadima

thunder

legadima

storm

ledimo

hail

sefako

monsoon

ledimo

flood

lefula

ice

lehlwa

January

January

February

February

March

March

April

April

May

May

June

June

July

July

August

August

year - ngwaga

September
....
September

October
....
October

November
....
November

December
....
December

shapes
dibopego

circle
....
nthokolo

square
....
sekwere

rectangle
....
rectangle

triangle
....
theraekele

sphere
....
nthokolo

cube
....
cube

white

tshweu

yellow

kheri

orange

namone

pink

pinki

red

khubedu

purple

phepholo

blue

pududu

green

tala

brown

tshehla

gray

kerei

black

bontsho

a lot / a little

tše dintši / tše dinyenyane

angry / calm

befetšwe / theotše maswafo

beautiful / ugly

botse / befile

beginning / end

mathomo / mafelelo

big / small

kgolo / nyenyane

bright / dark

seetša / leswiswi

brother / sister

abuti / sesi

clean / dirty

hlwekile / ditšhila

complete / incomplete

feletše / ga se e felele

day / night

mosegare / bošego

dead / alive

hwile / o sa phela

wide / narrow

go bulega / go tswalelega

edible / inedible

e a jega / ga e jege

evil / kind

bobe / go loka

excited / bored

mahlahlo / go tšwafa

fat / thin

bokoto / bosese

first / last

mathomo / mafelelo

friend / enemy

mogwera / lenaba

full / empty

e tletše / ga e na selo

hard / soft

tiile / e bonolo

heavy / light

ya roba / e bobebo

hunger / thirst

tlala / mokhoro

ill / healthy

go babja / phetše gabotse

illegal / legal

ga e molaong / e molaong

intelligent / stupid

bohlale / lešilo

left / right

le letshadi / le letona

near / far

kgaufsi / kgole

new / used

mapsha / e dirišitšwe

nothing / something

selo / se sengwe

old / young

motšofadi / mofsa

on / off

laeta / tima

open / closed

bula / tswalela

quiet / loud

homola / rasa

rich / poor

go huma / go diila

right / wrong

e lokilego / e sa lokago

rough / smooth

makgwakgwa / go thelela

sad / happy

go nyama / go thaba

short / long

mokopana / motelele

slow / fast

go nanya / go kitima

wet / dry

go koloba / go oma

warm / cool

borutho / go tonya

war / peace

ntwa / khutšo

opposites - tša go fapana

0

zero

nnoto

1

one

tee

2

two

pedi

3

three

tharo

4

four

nne

5

five

tlhano

6

six

tshela

7

seven

šupa

8

eight

seswai

9

nine

senyane

10

ten

lesome

11

eleven

lesome tee

12

twelve

lesome pedi

13

thirteen

lesome tharo

14

fourteen

lesome nne

15

fifteen

lesome tlhano

16

sixteen

lesome tshela

17

seventeen

lesome šupa

18

eighteen

lesome seswai

19

nineteen

lesome senyane

20

twenty

masomepedi

100

hundred

lekgolo

1.000

thousand

sekete

1.000.000

million

milione

English
....
Seisemane

American English
....
Seisemane sa Amerika

Chinese Mandarin
....
Sechina sa Mandarin

Hindi
....
Sehindi

Spanish
....
Spanish

French
....
Sefora

Arabic
....
Searabic

Russian
....
Serašia

Portuguese
....
Sepotokisi

Bengali
....
Sebengali

German
....
Sejeremane

Japanese
....
Sefapane

I

Nna

you

wena

he / she / it

yena / yona

we

rena

you

wena

they

bona

who?

bomang?

what?

eng?

how?

bjang?

where?

mo kae?

when?

neng?

name

leina

behind

ka morago

in

go

in front of

kgaufsi le

over

godimo ga

on

go

under

ka tlase ga

beside

ka lehlakoreng la

between

magareng ga

place

lefelo